Vera Hewener

AF236508

Oh Winter, schneie!

Natur, Stadt & Land

Die schönsten Wintergedichte

Was ist der Winter? Schneefall, Christrosengeflüster, Ruhezeit? Nach dem Blattfall der Stiel-Eiche und dem Nadelfall der europäischen Lärche beginnt die Vegetationsruhe. Das Buch versammelt neueste und ausgesuchte Wintergedichte über die Natur in Stadt und Land aus dem literarischen Werk von Vera Hewener.

Vera Hewener, Jahrgang 1955, lebt als freie Schriftstellerin in Püttlingen, mehrfach ausgezeichnet, u.a. "Superpremio Cultura Lombarda" Centro Europeo di Cultura Rom (I) 2001, "Superpremio Mondo Culturale", 2002; 1. Preis Deutsche Sprache CEPAL Thionville (F) 2004, Trophäe Goethe 2007, Trophäe Mörike 2015, Wilhelm Busch Preis 2017.

Pressesplitter
„Heweners Sprache ist Rhythmus und Malerei." Beatrix Hoffmann, SZ 07.05.02 „Zart und duftig sind viele dieser Gedichte, voller Freude über den Einklang mit der Natur; hymnisch-gewaltige Gesänge lassen an Hölderlin und Rilke denken." Jürgen Kück, SZ 17.11.03 „Stimmungslyrik von emotionaler Dichte." Walter Faas, SZ 28.05.04 „Jedes Wort schillert und ruft ein Bild hervor. Vera Hewener baut aus dem, was sie sieht, kleine Wortkunstwerke." Beatrix Hoffmann, SZ 07.11.2011 „Anmutige, unverbrauchte Bilder, ...findet Vera Hewener für das unaufhaltsame Werden und Vergehen der Natur." Ruth Rousselange, SZ 07.06.17 „Offensichtlich steckt auch ein Schalk in Hewener." Anja Kernig SZ 07.12.17

Vera Hewener

Der Winter

Natur, Stadt & Land

Die schönsten Wintergedichte

Die Deutsche Bibliothek verzeichnet diese Publikation in der Deutschen Nationalbibliografie; detaillierte bibliografische Daten sind im Internet unter www.http://dnb.dnb.de abrufbar.

Herstellung und Verlag:
BoD - Books on Demand
D- 22848 Norderstedt

Printed in Germany
1. Auflage 2021
ISBN 9783754347034
9,00 EURO

Inhaltsverzeichnis

Schneebrett rutscht vom Dach
Sonne erwärmt sich mittags
ein Reh trinkt Eistee

„Dichter, dichter wird der Schneefall"

Winterruhe

Die Blätterreste knittern an den Zweigen.
Die Wölfe heulen, die Gehölze klirren,
wenn Liebeswünsche durch die Wälder irren.
Die Blätterreste knittern an den Zweigen.

Die Wölfe heulen, die Gehölze klirren,
wenn Kälte raucht und alles friert und ruht,
ist eingehüllt von weißer Flockenflut.
Die Wölfe heulen, die Gehölze klirren.

Wenn Liebeswünsche durch die Wälder irren,
keimt es im Dunkeln unterm Schutz der Erde,
dass aller Samen schon bald fruchtbar werde,
wenn Liebeswünsche durch die Wälder irren.

Flockenspiel

Die Gärten gähnen morgens voller Leere,
wenn Nebel jedes Licht bekämpft, erdrückt.
Ein kleiner Rest der Sommervogelheere
am Boden unterm Strauch zusammenrückt,

sich als gemischte Trupps vereint zu schützen
vor Raubvögeln und andren Nahrungssuchern.
Gemeinsam sie sich gegenseitig stützen,
wenn über Nacht Schneefall und Kälte wuchern.

Die Stadt jedoch versinkt im Frost und Glatteis,
der Hauptverkehr zockelt im Schritt ans Ziel,
so viele eilen hin zum nächsten Bahngleis.

Draußen erlahmt die Welt im Flockenspiel.
Wer kann, zu Hause bleibt, lässt sich nicht zwingen,
alleine wird gar manches nicht gelingen.

Wintereinbruch

Dichter, dichter wird der Schneefall,
lichter die Gehölze,
Flugversuche aufgetan,
Wintergäste hintendran
schütteln Federpelze.

Bleicher, bleicher wird die Landschaft,
gleicher die Bewohner,
Kandelaber aufgestellt,
leuchten, durch die Winterwelt
reiten noch Dragoner.

Einsam, einsam schlafen Bäume,
einsam sind sehr viele,
hoffen in der Winternacht,
dass ein neuer Tag erwacht
ohne Schattenspiele.

Frostiger Morgen am Köllerbach

Den kalten Frost verbreiten Winde,
und in den Auen klirren Halme,
beladen kämpft die karge Linde
mit dichter Schneelast hoher Walme.

Die Kälte in die Weide hauchen
die Teiche, Eisschicht überglänzt,
darin die Wasserbüffel tauchen,
das Gras von ihnen abgesenst.

Im Suhl lagern die Wiederkäuer,
als Glocken schlagen in die Kühle.
Im Bachlauf hinterm Burggemäuer
die Biber klatschen im Gewühle.

Verinselt sprengt der Köllerbach
sich über Steine und die Stämme,
die Enten ohne Ungemach
umschwimmen alle Inselkämme.

Und in der Kirche dampft das Wachs,
der Weihrauch schwelt schon in den Schiffen,
die Kelche göttlichen Gebacks
im Gottesdienst sind inbegriffen.

Die kleine Schar christlicher Beter
versinkt im Kampf mit harten Bänken
und draußen krähen Hahn-Trompeter
im Morgenfrost Nebelbedenken.

Der alte Herr Winter

Die Bäume sind schwer, die Bäume sind weiß.
Der alte Herr Winter schickte sein Eis.
Er bricht viele Äste, splittert und ächzt.
Ein Vögelchen aus dem Unterholz krächzt.

Er nimmt seinen Stab und klopft an die Tür.
Er will nicht geliebt sein, hat keine Allür'.
Er rüttelt an Fenstern, er stürmt und schneit,
verschüttet die Eisblumenherrlichkeit,

lässt über die Dächer Eishäute wachsen,
den rutschenden Skifahrern bricht er die Haxen.
Doch wanderst du still durch das weiße Geblüt,
tönt aus der Ferne es: „Gott dich behüt."

Wenn es schneit

Für die Kinder ist Winter reizvoll,
sie bau'n den Schneemann mit Nase, prachtvoll.
Voller Freude steh'n sie bereit,
wenn es schneit.

Und hört es nicht auf zu schneien,
gehen wir uns die Skier leihen.
Nur Schneeflocken weit und breit.
Wie das schneit!

Kinder schauen zum Fenster raus,
dieser Schneefall ist ein Gebraus,
freuen sich auf den nächsten Tag,
Schlittenfahren ein jedes mag.

Das Feuer hört auf zu knistern.
Wir sagen wieder gut Nacht und flüstern.
So lange wir sind zu zwein,
lass es schnein!

Die Christrosen blühen weiter,
im Schnee sind sie froh und heiter.
Die Welt strahlt im weißen Kleid.
Wie das schneit!

Klingen Glocken und jeder singt,
selbst ein Reh vor dem Haus mitspringt.
Stellen wir Kerzen in den Raum,
schmücken festlich den Tannenbaum.

Die Kinder freun sich und lachen,
sie denken an Spielzeugsachen,
das Christfest ist nicht mehr weit,
wenn es schneit.

Wenn in allen Nächten

Wenn in allen Nächten nur Herrlichkeit wär,
gäb es keine Sorgen und Nöte mehr,
keine Finsternis und Dunkelheit.
Wenn in allen Nächten nur Seligkeit wär,
gäb es keine Trauer und Tränen mehr,
keinen Abschied und Bitterkeit.

Käm der Tag mit dem Licht,
voller Wärme und Glanz,
brächte allen das Glück unentwegt,
und die Strahlen der Sonne
sich drehten zum Tanz,
von der Freude der Menschen bewegt.

Doch wär keine Liebe, aus der dies entstand,
verwehte der Wind alle Spuren.
Und wäre kein Samen in reifender Frucht,
ständen still alle Ewigkeits-Uhren.

Wenn in allen Nächten die Liebe wär,
ruhten Herzen im Lichtschein sich aus,
sie sähen den Mond durch die Finsternis wandern,
wie ein Planet erstrahlt nach dem andern
und aufblüht der Sternenstrauß.

Wartezeiten

Scheite brennen,
Feuer lodert auf in den Kaminen,
treuer werden sich die Menschen,
reichen sich die Glühweinkännchen,
ordnen die Vitrinen.

Wartezeiten für die Kinder,
Bäckerei im Hochbetrieb,
alle Socken aufgehängt,
hurtig, denn die Zeit nun drängt!
Bitte keine Flüche!

Wenn der Nikolo da droben,
fertig ist mit Robenproben,
kommt er durch die Nacht geritten
mit riesigem Geschenke-Schlitten,
freut sich, was da groß und klein,
Nikolo im Sternenschein.

Sind's arme Kind, sind's reiche Kind?

Es war einmal vor unsrer Zeit,
beginnen Märchen weit und breit.
Die Kinder lauschten einst in Ruh,
lernten fürs Leben viel dazu.
Kommt heut die schöne Weihnachtswelt,
 wird keine Frage mehr gestellt.

Heut wissen wir und ahnen nicht,
Computer sind für alle Pflicht.
Die Kleinsten bleiben in der Krippe,
Eltern kommen zur Stippvisite.
Sie kennen nur die Tastatur,
das digitale Leben pur.

Und Nikolaus, man glaubt es kaum,
verirrt sich im Dateienbaum.
Er macht die Speicherkarte voll
und nicht die Socken, bunt aus Woll'.
Wer will schon Nuss und Mandelkern,
betet in Stille noch zum Herrn?

Wir skypen, mailen, simsen, smilen,
ein Christkind kann da nicht verweilen.
Das wirrt so wie der Nikolaus
durchs digitale Elternhaus.
Und schalten sich die Kerzen ein,
fließt grüner Strom als Feuerschein.

Doch kommt die heil'ge Nacht daher,
vermissen Kinder vieles sehr.
Das Basteln, Malen und das Naschen,
geheimes Wissen zu erhaschen,
wenn Opa und die Omama erzählen,
wie es damals war.

Das Singen unterm Weihnachtsbaum,
das Engelshaar, Girlandentraum,
Geschenke, auf die man sich freute,
das Auspacken der ganzen Meute,
den Tannenduft, die Wunderkerzen,
das Streicheln, Kuscheln und das Herzen.

Nun sagt, was ihr da drinnen find?
Sind's arme Kind, sind's reiche Kind?

Der Nikolo

Der Nikolo, der Nikolo,
macht alle Kinderherzen froh.
Er stapft im Winter durch die Alp,
segnet die Kuh, das kleine Kalb
und neben ihm, sein Helfer Krampus,
trägt die Geschenke auf den Campus.

Die Liste hat er auch dabei,
trägt vor die ganze Litanei
der großen und der kleinen Sünden
und schöpft dabei aus heil'gen Pfründen,
wenn er zur Umkehr ruft und Treu.
Und alles jedes Jahr aufs Neu.

Dass jedes Menschenkind auf Erden
an Weihnachten kann glücklich werden.

Nacht im Schnee

Nacht im Schnee,
wenn sich der Winter verkündet,
Nacht im Schnee,
wenn funkelndes Kristall des Mondes
ins Dunkelblaue mündet.

Dies ist die Nacht der Finsternis,
die kalte Stille, stumm, verschweigt
das unterm Grunde Knisternde,
fortwährend Frühling Flüsternde.

Und feierlich am Horizont aufsteigt
ein Stern. Es zogen viele Sterne nach.
So still die Nacht, so fern die Nacht;
nie brach die Sonne vor der Morgenröte ein,

die in geheimnisvoller Dunkelheit
sich windet, wartet auf das andere Licht,
welches uns aus anderer Welt durchdringt
in stiller Nacht, in kalter Zeit
und uns das schönste aller Lichter bringt.

Atme der Stille leise Zuversicht

Atme der Stille leise Zuversicht,
das Lächeln der Zeit
über Hoffnungen und Träume,
dass dir dein Leben nichts versäume.

Hauche des Lichtes aufklarenden Willen
ins Dunkeln der Tage,
dass die Nöte deiner Augen
immerfort für die Fülle taugen.

Ach, weshalb blindlings
der Tage Unausweichliches betrauern?
Zeit wird nichts bedauern,
alles wird vergehen.-

Willst du sehen
die Frucht dieser Lichter,
vertraue Gottes unermüdlicher Schöpfung,

dem stillen Willen,
der alle Zeit durchdacht
in einer einzigen Nacht
ewigen Leuchtens.

Stille Schritte

Du musst die Schritte
leise lenken im dichten Schnee der Parke,
entlang unsichtbarer Fäden. – Harke
nicht die Vogeltritte,
die mühsam hüpfen, sich durchwühlen
im dunkelnden Gesang, im Kühlen
verloren, trauernd nach Licht... .

Vergesse das Trübe, das Düstern. Nicht
eilend kannst du die Spur der Sterne
sehen. Ein Sinnen strahlt herab aus der Ferne,
umweht das Wandeln, mystische Zeit des Werdens.
Hingeht die Stille über Erdens
verblasstem Kleid.

Und von weit, von weit
taumeln Flocken auf die ausgestreckte Hand.
Schreite mit der Stille durchs wartende Winterland.

Ist der erste Schnee gefallen

Ist der erste Schnee gefallen,
ist das Winterherz erwacht.
In den Augen Winterfreude
über diese weiße Pracht.
Schreite langsam Schritt für Schritt
durch das Weiß, durch das Weiß,
nimm Freude mit.

Schlittenfahren in den Tälern
und der Schneemann wird gebaut.
Auf den Hügeln warten Kinder,
immer neu wird sich getraut.
Fahre langsam Spur für Spur,
durch den Schnee, durch den Schnee,
mit Freude nur.

Ist der erste Schnee gefallen,
Wintersport die Lust geweckt.
Jeder Ski wird neu gewartet,
jede Abfahrt dich schon neckt.
Gleite lautlos, gleite leis
Berg für Berg, Berg für Berg,
durchs Winterweiß.

Winterduft

Ein Winterduft, ein Winterduft,
Tannenharz haucht durch die Luft
und kündet, bald schon kommt die Zeit
der Herrlichkeit.

Ein Glockenklang, ein Glockenklang,
vom Himmel tönt der Engelsang
und bringt die Kund, vom Himmelsthron
kam Gottes Sohn.

Ein Kindertraum, ein Kindertraum,
hängt Glocken auf am Tannenbaum
und Jahr um Jahr freu ich mich wieder,
sing Weihnachtslieder.

Wintermorgen am Staden

Am Staden raunt die Saar, verdampft Gespenster
und Bänke ducken sich in Strauchverstecken.
Es kugeln Hagebutten aus den Hecken.
Der Himmel öffnet kleine Wolkenfenster,

aus welchen Raureif rieselt, fällt. Wo längs der
verlass'nen Ufer Enten Köpfe recken,
bevor sie schlingern durchs kalte Wasserbecken,
vereisen Bahnen, werden begrenzter.

Das Eiskristall aus hohen Fronten fiel,
das unaufhörlich klirrt wie Harfenspiel,
den Silberglanz verbreiten Winterkatechismen.

Welch' frohe Botschaft! Wie schimmern weiße Prismen,
erhellen Bilder, Wege aus der Nacht,
bis alles Dunkle stirbt und Licht erwacht.

Winterbilder

Ich male mir den Winter an,
ein grauer Strich mit Pünktchen dran,
ein weißes Feld, Licht dicht an dicht,
mehr sieht man nicht.

Ich male mir den Winter an,
ein schwarzer Strich mit Hüttchen dran,
ein blaues Feld, Sterne von fern,
ob ich's noch lern?

Ich male mir den Winter an,
ein gelber Strich mit Krippchen dran,
ein helles Feld, Christkindchen klein,
das könnt es sein.

Ich male mir den Winter an,
ein grüner Strich mit Kerzen dran,
Schafe im Feld, ein Engelchor,
Hirten davor.

Ich male mir den Winter an,
den Tannenbaum mit Glöckchen dran,
Kerzen, Familien, Kinderschar,
ob's vorher etwa schöner war?

Winterreime

Tannen,
Grannen,
Wolkenwannen,

Klüfte,
Grüfte,
Wildbretdüfte,

Fänge,
Gänge,
Überhänge,

Böckchen,
Glöckchen,
Wolkenlöckchen,

Gipfel,
Wipfel,
Zapfenkipfel

und der Winter
zieht am Zipfel.

Naats still

Im Newwel träämt de Strooß vom Licht
heat kään Gespräch kään Ton kään Laut
än alta Bòòm da Zeit vatraut
hat sich im Dunkeln ingericht

da Stamm im Bodden ingewurzelt
wo Blätta splittan rot wie Roscht
die Kält hat all sein Laub gekoscht
än Specht is aus em Nescht geburzelt

it is so still ma lauscht und lauscht
un waat dodruff dat wat pasiat
ma heat it Herz wie't schlaat un friat
haut Naat hat sich de Zeit vatauscht

als frej um acht da Mojen mait
is alles weiß ma glaawt it kaum
die Sun strahlt wie än Glitzersaum
die Äscht om Boom han sich gefreit

un pletzlich heat ma Kinnalachen
ma wääs wat jetz kummt bleiwt un hält
wo Licht is alles leichta fällt
selbscht schwache Glut duut sich entfachen

Nachts still

Im Nebel träumt der Weg vom Licht,
hört kein Gespräch, hört keinen Laut.
Ein alter Baum der Zeit vertraut,
hat sich im Dunkeln eingericht'.

Der Stamm im Boden eingewurzelt,
das Laub zerbricht im Kältefrost,
lässt Blätter splittern rot wie Rost,
ein Specht ist aus dem Nest gepurzelt.

Es ist so still, man lauscht und lauscht,
wartet darauf, was dann passiert,
man hört das Herz, wie's schlägt und friert.
Heut Nacht hat sich die Zeit vertauscht.

Als früh um acht der Morgen bläut
ist alles weiß, man glaubt es kaum,
die Sonne strahlt, ein Glitzersaum.
Äste am Baum sind hocherfreut.

Und plötzlich hört man Kinderlachen.
Man weiß, was jetzt kommt bleibt und hält.
Wo Licht scheint, alles leichter fällt,
selbst schwache Glut tut sich entfachen.

Schneegeflüster

In Tannenwäldern wirbelt Wind,
schneidet mit seinem Singen,
mit eisernen kristall'nen Klingen
den Winterhauch, der sich verspinnt
auf Frostes Nebelschwingen.

Im Silberschimmer leuchtet Licht,
kleidet mit seinem Scheinen
das pfeifende, metall'ne Weinen,
das Winterlied, das Nächte bricht
aus Sternes Glitzersteinen.

Und in des Schnees Einsamkeit
flüstert ins Herz der Stunde,
aus edelstem, aus schönstem Munde,
die Christrose die Seligkeit
von Engels Botenkunde.

Wenn Christrosen blühen

Wenn Schneeflocken fallen,
der Wind flüstert ganz leise
wundersame Weise,
klingt wie Glockenklang.

Hört himmlisches Schallen,
ein Kind soll uns geboren,
im Schnee blüht weiß, verloren,
Christrose im Hang.

Wenn Christrosen erblühen,
fällt draußen der Schnee,
funkeln alle Sterne,
Eis glitzert im See.

Wenn Christrosen erblühen
in Winters Einsamkeit,
zünd an eine Kerze
für die heilige Zeit.

Sieh nur was im Stall liegt,
was Gott uns hat gebracht,
aus dem Schoß der Mutter
in heiliger Nacht.

Wenn geboren das Kindlein,
spüre, Gott ist Klarheit,
er nur ist die Wahrheit
für die Ewigkeit.

Wenn Christrosen erblühen
erblüht uns auch das Heil.
Öffne deine Seele,
werde des Ewigen Teil.

Glitzerschnee und warmer Tee

Glitzerschnee und warmer Tee,
hinter Fenstern lässt's sich schauen
in die Weite hoher Gipfel,
Felsenspitzen, Winde rauen.
Nimm die Sonnenbrille ab
und das Licht, und das Licht
durch Wolken bricht.

Lass das Sorgen, lass das Mühen,
atme einfach ein und aus.
Spür die Freiheit deiner Träume,
Wünsche im Gedankenhaus.
Alles wird ganz leicht und klein,
achte dich, achte dich
und kehre ein.

Einer wacht am hohen Himmel,
lässt dich wachsen, lässt dich sein.
Seine Engel dich beschützen,
lass dich einfach darauf ein.
Gottes Liebe gilt auch dir,
folge nur, folge nur
der Liebesspur.

Schlittenfahrt

Hör doch, die Schlittenglocken,
sie singen, der Winter ist hier,
Komm her ins Winterwetter,
ich fahre zusammen mit dir.
Draußen ist Schnee gefallen
und alle rufen Juchhe.
Komm fahr mit mir im Schlitten,
fahr mit mir durch die Tannenallee.

Im Galopp, im Galopp, im Galopp geht's los.
Schau nur wie es schneit.
Wir fahren im Winterzauberland.
Im Galopp, im Galopp, im Galopp, famos,
komm gib mir die Hand.
Wir gleiten dahin, hör das Lied
von dem Winterzauberland.

Die Wangen sind schön rosig,
es ist gemütlich mit dir.
Wir kuscheln uns zusammen
und du nimmst die Decke von mir.
Wir fahren durch die Landschaft
und singen fröhlich dabei.
Wir fahren im Galopp
und wir fliegen wie Vögel so frei.

Auf dem Weihnachtsmarkt dort vor dem großen Gotteshaus,
enden wir den Tag mit einem feinen Festtagsschmaus.
Lass uns singen ein Lied, ein Winterlied,
wir hören noch nicht auf.
Am Kamin sitzen wir,
die Maronen springen auf.

Dieses Glücksgefühl kann man nicht kaufen in der Welt,
wenn man Glühwein trinkt und Lebkuchen jetzt Einzug hält.

Es ist fast wie ein Bild, ein Glitzerbild,
das aus dem Märchen sprang.
Wie wundervoll ist alles hier,
wir erinnern uns ein Leben lang.

Hör doch, die Schlittenglocken,
sie singen, der Winter ist hier,
Komm her ins Winterwetter,
ich fahre zusammen mit dir.
Draußen ist Schnee gefallen
und alle rufen, Juchhe.
Komm fahr mit mir im Schlitten,
fahr mit mir durch die Tannenallee.

Im Galopp, im Galopp, im Galopp geht's los.
Schau nur wie es schneit.
Wir fahren im Winterzauberland
Im Galopp, im Galopp, im Galopp, famos,
komm gib mir die Hand.
Wir gleiten dahin, hör das Lied
von dem Winterzauberland.

Die Wangen sind schön rosig,
es ist so gemütlich mit dir.
Wir kuscheln uns zusammen
und du nimmst die Decke von mir.
Wir fahren durch die Landschaft
und singen fröhlich dabei.
Wir fahren im Galopp
und wir fliegen wie Vögel so frei.

Oh Tannenbaum, oh Tannenbaum

Oh Tannenbaum, oh Tannenbaum,
schenk mir den schönsten Wintertraum,
die Nadeln spitz, streck sie hinauf,
setz dir die weißen Flocken auf,
läute die Zapfen, Eisgesang,
der klirrend durch die Kälte drang.

In stiller Nacht voll Herrlichkeit
für uns ein Wunder steht bereit.
Drum schmücken wir dich heilig fein,
sollst unser Weihnachtsbäumchen sein.

In Schneestunden

In Schneestunden
fällt das Herz aus dem Kopf.

Nie ist Heimat
erwünschter.

Mit der Dunkelheit
öffnet die Sternenzeit.

Die Krippe, mondbewegt,
wagt den Nachtgang.

Unter dem Himmel
Gesang der Gläubigen.

Im Stall brennt ein Licht.

Der Riss der Stechpalme

Stechpalmen
wie Schutzzäune
in die Landschaft gewildert.

An Blattdornen
flattern Fellrisse
wie Trophäen.

Früh im Winter
trinken Amseln
den Winterbeerenbrand.

Taube Landschaft
tagsüber.

In der Nacht
schlafen die Krähen
im Schneebett.

Mistel

Mistel, Mistel,
Betteldistel,
immergrün
ohne Müh'n.

Halbschmarotzer,
Beerenprotzer,
Wasserschnorrer,
Ästeknorrer.

Wunderpflanze,
Baumromanze,
Sonderkeim
mit Früchteschleim.

Heilerfahrung,
Vogelnahrung,
Winterheu
und Teegebräu.

Mistel, Mistel,
Kussepistel,
weißer Schaum,
oh Liebestraum.

„Die Tannenmeise hat es schwer"

Auf kalten Bänken

Auf kalten Bänken
Versammlung der Wintervögel.

Tannen schütteln sich,
Last fällt ab.

Eichhörnchen graben
im Schneegrund
nach der Vorratskammer.

Rehe im Anlauf,
sichten den Futterplatz.

Im Stroh
weint ein Findling
sich müde.

Winterwunder

Kälte dampft. Auf den Hügeln
federn Flocken, ein Sternentanz,
der aus dem Himmel fiel.
Und Wolken schweben
wie Brocken in den Bügeln
der Winterluft. Nie stieg
ein kälterer Herr aus dem Schlitten
und stapfte sein Zepter auf den Glanz
des Eises. Schneetropfen weben
Perlenketten, die beben.
Langsam aus den Höhen glitten
sie hinab auf den Kranz
der Tannenkronen. Dann schwieg
das Wintermärchen.

Auf vereisten Ästen
wippte ein Vogelpärchen,
nippte von den Futterkästen
und flötete Dankeslieder.
Drinnen brannten die Scheite nieder
im Kamin, dass Funken sprühten.

Und in den leeren Gärten blühten
alle Christrosen wieder,
kündeten vom kommenden Wunder
der Niederkunft. In stiller Nacht
entfesselte Himmelszunder
den Glauben an das göttliche Kind,
dass seine Gnade die Seelen find,
und über uns ein Engel wacht.

Wintergeplänkel

Nebel triefen
über schneeweißen Laken,
Rehe schniefen,
Teiche und Bäche blaken
still in die Kälte, Eisgezeche,
Kristallgespinste.

Von eisernen Toren
schleift der Sturm den Rost.
Frost beißt in die Wangen der Barren,
die Fasern verloren
und unentwegt knarren,
ein Hirschkäfer grinste.

Zeternde Dohlen
wachen auf Gartenpfählen,
ein Johlen und Kreischen,
wenn vor den Wintergenerälen
abends Nesträuber heischen,
den Futterplatz umstellen.

Und aus den Schornsteinen der Alm
raucht Holzbrand trüben Qualm
in das Dunkel verworren,
während im Stall die Farren
die Mutterkühe strählen,
die im Heu stampfen,
wo sie drauf schliefen.

Nussknacker und Haselmaus

„Knack mir die Nuss,
Knackerdiknack",
ein Haselmäuslein spricht.
„Ist das ein Muss,
Rackerdirack?",
der Nussknacker es anficht.

„Was heißt hier Muss,
Knackerdiknack,
du bist dafür geboren.
Dein Kiefer ist aus einem Guss.
Gib du der Nuss den Todeskuss.
Ich hab 'nen Zahn verloren."

„Befiehlst du mir,
Rackerdirack,
ich soll dir Nüsse knacken?
Ich knacke nur noch aus Plaisir
zu meiner Zier und nicht aus Gier.
Die Nuss musst du selbst packen."

„Wärst du mir gut,
Knackerdiknack",
versprach das Haselmäuslein,
„ein ganzes Lager böt ich dir.
Als Dank dafür wohnst du bei mir
im Winter hier im Häuslein."

„Wenn's mir gut tut,
Rackerdirack,
beiß ich die harten Schalen auf,
mit meinen starken Backen,
alle zuhauf, wenn du darauf
mir kühlst den steifen Nacken."

So biss der Knacker mit Genuss
sich durch das Lager Stück für Stück.
Die Maus versank im Vorratsglück,
hat das Versprechen eingelöst.
Nussknacker ist gleich eingedöst.

Er knackte einen Winter lang
in Haselmäusleins Unterfang.

Wintergefecht

Die grauen Wolken sich verzopfen
in des Himmels dunkler Ferne,
letzte Vögel kreisen gezackte Formationen,

die blauen Luken langsam verstopfen.
Die Sonne hängt ihre schwache Laterne
in den Horizont der Flugbahnstationen.

Über hartem rissigem Boden knorrt
verstört das darbende Astgeflecht
wie ein müd gewordener Wintergnom.

In den Bäumen die Mistel schnorrt,
zieht gegen die kalte Gewalt ins Gefecht,
Frost-Hagelkörner, ein Schneeweiß-Idiom.

Aus dem Ahnenholz ist Samen gesprungen
auf die Krallen buschiger Hörnchen.
Sie haben Dankeslieder gesungen
für jedes einzelne Körnchen.

Kältegipfel

Die Botschaft gefrorener Klippen:
hier sprang ein Steinbock in den Tod.
In raue Eisflächenrippen
hämmert die Kälte das Aufgebot
des Winters. Wo Schneebretter
wie Schürzen den Fels überragen,
regt sich kein Laut.
Die gähnenden Gipfel vertagen
das Licht, hier wird kein Haus mehr gebaut.

Und aus den Höhen wallen Flocken,
verhärten im ewigen Eis.
Die dunkle Zeit kam ins Stocken,
hält an den Erdenkreis.

Wenn viele Monde gegangen
im niederen Sonnenlauf,
von den Hängen mit rosigen Wangen
ein Kälbchen wandert bergauf.

Winterwelt

Platzhirsche treiben die Herde
durch tiefes Schweigen
das an der Futterkrippe endet
Wintergäste weiden

Hasen kauern in Bodenhöhlen
Bachen das Gebüsch durchwühlen
über dem Dachsbau kugeln Igel sich davon

Schneewasser rinnt durch Frostgräben
Eistöne klirren von Fichten entrichtet
im Schneeflockentanz

Wintermorgen

Schwarze Luftzüge
kreuzen im Zyanblau
Standvögel fliegen Haken
Im Rotreif gebranntes Siena
spröder Blätter knittert
Eichelhäher stöbern
Im Wasserlauf
wellt sich das Licht
Spiegelbilder
vom Frosthauch gebleicht
treiben im Köllerbach

Wintertränke

Wie zwängt sich die Landstraße
durch die still versunkenen Flure.
Von dem Schneehaupt der Sträucher
wirbelt der Wind eine Altblättermure.

Wie biegt sich das Flackerlicht
in den brennenden Straßenlaternen.
Aus den schmelzenden Flocken
bilden am Boden sich Wasserzisternen.

Wie klirren die Eiszapfen
an den frostigen Wartebänken.
Aus dem gähnenden Nebel
hüpfen Vögel an Wintertränken.

Winterjagd

Ein Karibu rennt der Herde nach
läuft pausenlos durch Schneewälder
den Wölfen davon

spann die Hunde vor den Schlitten
sie wittern die Spur
der Jagenden

Winterherde

Erfroren fällt Laub auf die Erde,
verloren überm Wurzelsaum.
Die Tiere wandern in der Herde,
naturgebeugt, ohne Beschwerde,
zum Rastplatz wird ein Tannenbaum.

Doch mitten in den weißen Welten
erschallt ein Röhren wie ein Schrei.
Zwei Hirsche sich entgegen stellten,
Geweihe ineinander schellten,
verwundet geben sie sich frei.

Die Herde weiterzieht nach Norden
durch Täler, Wälder, übern Berg.
Frostig und still ist es geworden,
die Wölfe lauern auf zum Morden,
die Hungerzeit vollbringt ihr Werk.

Nicht alle überstehn den Winter,
auch wenn die Horde sie beschützt,
den Lahmen und den schnellen Sprinter,
irgendwann bleibt einer dahinter,
ihm hat die Herde nichts genützt.

Und kommt die Zeit der milden Winde,
verwehen Spuren übers Land,
dass Eis und Schnee bald wieder schwinde
die Säfte steigen in die Rinde,
ein Kälbchen seine Mutter fand.

Winterspuk

Die Sonne setzt müde zum Sinkflug an,
der Abend dämmert, es wird bald schneien.
Drei Katzen jammern, ein lautes Schreien,
im Garten hüpft wie wild ein Butzemann.

Er hämmert fest gegen die Fensterscheiben
und springt und singt in schaurig lautem Ton,
ruft wie von Sinnen: „Bringt mir euren Sohn,
sonst wird' ich mir sein Herz einverleiben."

Der Vater bittet: „Nimm meins an seiner Stelle."
Die Mutter weint, das Kind fest in den Armen,
sie fleht: „Oh Gott, so habe doch Erbarmen,
was ich auch hab, ich leg's vor unsre Schwelle."

Der Kobold lacht und ist nicht abzuweisen,
holpert und poltert, feixt hämisch dabei:
„Bringt mir den Sohn, dann seid ihr wieder frei."
Er beginnt, mit Feuer das Haus einzukreisen.

Die Mutter packt, was sie findet, zusammen,
öffnet die Tür und legt das Opfer ab:
„Nimm mich dazu, ich werfe mich ins Grab".
Sie läuft in das Meer der lodernden Flammen.

Das Kind rennt erschüttert seiner Mutter hinterher,
der Vater folgt, ergreift den Sohn geschwind.
Da tobte plötzlich ein eisig rauer Wind
und löschte das Feuer und das Flammenmeer.

Die Mutter stand im Nebel unbeschadet wieder.
Es schneite Tränen auf den bösen Puk,
den eine Bö enthob, vorbei der Winterspuk.
Ein Sternenregen fiel auf sie hernieder.

Die Tannenmeise

Die Tannenmeise hat es schwer,
die Tann' ist nur im Frühjahr leer.
Im Sommer spitzen sich die Nadeln;
wem's gleich ist, wunde Federn tadeln.
Im Herbst wird's eng im Ästeland,
zu viele Zapfen im Bestand.

Im Winter macht der Schnee sie glatt.
Drum will die Meise jetzt Rabatt
für die Gesellschaft in den Zweigen.
Will sich's die Tanne nicht verleiden,
zahlt sie mit glänzendem Kristall.
Das mögen Tannenmeisen all.

Winter in Köllerbach-Etzenhofen

Es klopft in ausgekühlter Aue,
die Saarbahn rattert, Strom gezogen.
Ein Steppenrind, noch steif verbogen,
im Wiesenfeld aufstapft die Klaue.
Es späht verstohlen hin zur Mutter,
sie möcht das Kälblein doch ernähren,
und ihm das allerliebste Futter
beim Saugen liebevoll gewähren.

Es dampft in ausgekühlter Aue,
im Unterstand türmt sich das Heu.
Wildenten schwimmen, paddeln scheu,
strampeln sich müd am Aufgestaue
im Bachlauf. Ein Steingehäufe,
im Herbst sich stetig aufgebaut,
reißt Löcher in die Wasserhaut
und teilt den Bach in zwei Verläufe.

Es steigt bei ausgekühlter Aue
aus Büschen unbekanntes Wimmern.
Aus undurchsicht'gem Nebelflimmern
huscht aus dem Unterholzgebaue
ein Tier, scharrt Steine in das Wasser.
Der Köllerbach zerspringt, fällt ab.
Die Ente stockt, sie sieht hinab
und flügelt auf, der Sog wird krasser.

Es hall'n vom harten Boden Schritte,
die einsam durch den Morgen wandern.
Strömungen wechseln und mäandern,
umgehen Steine, versperrt die Mitte.
Und Raben kreisen über Köpfen,
kreischen am Kelterhaus und zetern,
das Zwielicht spielt mit Lichterzöpfen
und Feldmäuse werden zu Tätern.

Vogelrettung

Kommt der Winter angeschossen,
nachts im klaren Sternenschein,
geht der Frost auf Eises Sprossen,
hüllt das Land mit Kälte ein.

Vögelchen nicht fliegen wollte,
schlittert dort auf blanken Sohlen,
Krallen kratzen, Vöglein grollte,
lauthals fing es an zu johlen.

Hüpft die Ent' aufs glatte Eis,
schlurft zum Vögelein hinüber,
hilflos saß es auf dem Steiß,
Ente wähnte sich wohl klüger,

bauscht die Federn auf zum Segel,
schwingt sie, wirbelt Fahrtenwind,
fliegt und schiebt fast wie ein Kegel
und packt schnell das Vogelkind.

Beide ziehen sie an Land,
Vöglein springt und fällt ins Gras,
Ente schnattert unverwandt,
Rettung wie nach Entenmaß.

Vöglein wiederfand die Sprache,
trällert froh ein Dankeslied.
Ob verband die Ehrensache
weiter sie, niemand verriet.

Polarlicht

Eiskammern des Winterschlosses
wir frieren in den Räumen der Kalthäusigkeit

Elchkühe durchforsten silbrige Frostwälder
in sich tragend die natürliche Vermehrung

selbst Wölfe hungern in der Tundra
ein Rudel legt die Blutspur
verbeißt sich verzweifelt im Schnee

das Heulen der Dunkelheit
schwächt die Sinne

Polarlicht blitzt hellt
für einen kurzen Moment
ein Lichtschweif
der einen Bogen zieht

hör nur
ein Kind weint
im Schoß der Mutter

Än Wunna

Im Kellabach hat än Reh sich vasprung,
die Kinna honn't änfach mit hämm gebrung.
Än Dorn hat sich in die Huf ringedreht,
it konn nimme laafen, it humpelt wenn't geht.

Se honn it zum Dokta om Bersch hingeschafft,
die Huf rot vablut, die Wunn richdisch klafft.
Da Dokta saat: „Dat wird än länga Geschicht,
dò missen a helfen, bis die Huf grad gericht."

So kummen die Kinna jetzt Daa fo Daa,
han Kerb voll mit Futta dem Reh hingetraa
un uffgefüllt met Hafa die Kripp,
bis it serick konn zu seina Sipp.

Om hälijen Owend dat Wunna geschaa,
it Reh hat sich in't Gebüsch rin geschlaa,
kummt widda serick nickt un vaschwind,
de Kinna vom Au än Trän runna rinnt.

Da Dokta hat se in de Aame geholl,
mett Stern iwasäät woa die Naat uff änmoll.

Ein Wunder

Im Köllerbach ist ein Reh eingekracht,
die Kinder haben's einfach nach Haus mitgebracht.
Ein Dorn hatte sich in die Hufe gedreht,
es konnt' nicht mehr laufen, nur humpeln verdreht.

Sie haben's zum Doktor am Berg hingeschafft,
rot verblutet die Hufe, die Wundhaut weit klafft.
Der Doktor sprach: „Das wird 'ne läng're Geschicht',
da müsst ihr mir helfen, die Hufe ich richt'."

So kamen die Kinder jetzt Tag für Tag,
brachten Körbe voll Futter zum Reh ins Gelag
und aufgefüllt mit Hafer die Krippe,
bis es zurück konnte zu seiner Sippe.

Am Heiligen Abend das Wunder geschah,
das Reh ins Gebüsch hinein lief ganz nah
kam wieder zurück, nickte, verschwand,
aus Kinderaugen eine Träne entbrannt.

Der Doktor nahm sie in die Arme ganz sacht,
übersät mit Sternen war auf einmal die Nacht.

„Oh, wie ist dies alles voller Prophezeiung"

Das Licht der Weihnacht

Oh, wie ist dies alles voller Prophezeiung,
die Straße, die ins Schwarze krumm sich windet,
die müden Häuser in der Winterweihung,
das Knistern hinter Fenstern stumm verschwindet.

Ein graues Wolkenwandern, das in Dunkles mündet,
Laternenschein sich darin wiederfindet.
Ein Sternenlicht die stille Nacht anzündet,
ein Hauch von Sehnen, das die Liebe bindet.

Wie ist dies alles so geheimnisvoll erwartend,
als ob die Zeit sich träumerisch verschwendet,
als ob ein Sprössling, seine Welteroberung startend,
sich wissentlich dem Todgeweihten spendet.

Du ahnst die Tiefe dieser Erdenkreisumrundung,
den Sonnenlauf, der unterm Horizont sich dreht,
der Wunsch nach Heilung deiner Herzverwundung,
das Licht der Weihnacht, wenn alles aufersteht.

Der Engel des Herrn

Siehe den Engel, hochheilige Kraft,
Wille des Himmels aus Licht,
Gottes Erfüller, Verkünder mit Macht,
durch alle Dunkelheit bricht.

Öffnet das Sternentor,
taucht aus dem Nichts hervor,
Lilien in seiner Hand,

kniet vor Maria hin,
Gottes Gebot im Sinn,
kommt aus dem ewigen Land.

Mirjam, die Tochter, untadlige Frau,
unbefleckt ihre Geburt,
Gottes Erkor'ne, empfangende Magd,
fand ihren Weg vorgespurt.

Freut mit Elisabeth
sich an dem Wochenbett,
ihr Sohn wird taufen den Sohn.

Gabriel grüßte sie:
„Segen dir, heil'ge Marie,
Gott schickt mich vom höchsten Thron."

Maria voll Ehrfurcht sank auf die Bank,
wusste nicht, wie ihr geschah.
Gottes Verkünder im Lichtschein und Glanz
sprach weiter, als sie aufsah.

„Er hat dich auserwählt,
nur deine Reinheit zählt,
du sollst die Mutter ihm sein.

Sein Geist kommt über dich,
Gnade dir ewiglich,
du trägst die Pflicht ganz allein."

Mirjam erkannte die heilige Gnad,
ihr wurd' ein Wunder zuteil.
Mutter des Kindes vom Vater, dem Herrn,
soll bringen den Menschen das Heil.

Neigte voll Demut sich,
sprach: „Siehe, inniglich
bin ich die Magd meines Herrn.

Mir geschieht, wie er's gewollt,
dies ist, was ich ihm gesollt,
diesen Weg gehe ich gern."

Und auf Maria ein Schein fiel herab,
heller als jemals vorher.
Engelwind füllte die Kammer mit Huld,
aufschwang das himmlische Heer.

Weihnachtsläuten

Glockengeläut, wenn die Wächter des Himmels rufen,
Glockengeläut, wenn der Verkünder der Botschaft
hinabsteigt von Ewigkeits-Stufen.

Dies ist der Klang aller Klänge,
der Maria ein Kind verspricht,
der ihr auferlegt alle Gänge,
von der Geburt bis zum jüngsten Gericht.

Und Maria erkennt die Pflicht als Gnade,
die nur ihr allein wird zuteil.
Die Gewalten und Fürstentümer-Brigade
ihr beisteht, sie gebiert das Heil.

Wenn das Himmelskind lacht,
spielt mit goldenen Locken,
von der Mutter gebettet im Stroh,
aufläuten von Kirchentürmen Ewigkeits-Glocken
in der Christnacht, ein Stern steht in Loh.

Glockengeläut, wenn die Wächter des Himmels rufen,
Glockengeläut, wenn der Verkünder der Botschaft
hinabsteigt von Ewigkeits-Stufen.

Weihnachtsdorf in Püttlingen

Der Morgen bricht an, es glitzert im Tannenbaum,
Kinder sich freu'n, die Welt ist ein Wintertraum.
Alles steht auf, weilt am Fenster und staunt.
Hell wird es draußen, der Wind bläst und raunt.

Das Haus wird geputzt und weihnachtlich dekoriert.
Kinder im Schnee toben, selbst der Schneemann friert.
Warm verpackt alle zum Weihnachtsdorf geh'n,
Schaufenster locken, sie bleiben dort steh'n.

Die Straßen und Gassen sind festlich in Rot geschmückt.
Alle sind freundlich und lächeln sich froh zurück.
Glockengeläut in die Markthütten dringt,
spielende Bläser, der Nikolaus winkt.

Die Kutsche voll Kinder, auf Eis holpert sie herum,
schnaubende Pferde, die Glätte macht Wege krumm.
Glöckchen erklingen im knirschenden Schnee,
Chöre lobsingen, sie wärmt heißer Tee.

Der Abend bricht an. Es funkeln die Sterne schon
und voller Mond sitzt auf dem Himmelsthron.
Kinder am Fenster steh'n, schauen hinauf,
sehen das Glitzerlicht, den Sternenlauf.

Ob auch das Rentier wirklich vorüber fliegt.
Wünsche sind groß, Hoffnung die Träume wiegt.
Eltern noch flüstern, sie löschen das Licht,
im Schlaf hören Kinder, was Christkind verspricht.

Lobgesang überall,
Glockenklang, Weihnachtsschall.
Seht das Licht, Himmelssohn
stieg von dem Himmelsthron.
Betet im Herzen still,
Christuskind kommen will.

Weihnachtszeit in Köllerbach

Dezember. Der Winter wirft die weißen Flocken
über das Zitterspiel von wilden Tieren.
Christrosen im Schnee die Konturen verlieren,
Landschaften im Gestöber blitzen und flimmern.
Unter der Schneelast Äste bittern und wimmern,
biegen sich, knarzen, verlieren feuchte Brocken.

Weihnachtsmarkt. Der Burgplatz gähnt, Feuer brennt
in der Frühe, Händler schüren es, errichten Stände,
stellen Tischreihen auf, sortieren Bestände,
breiten Waren aus, dekorieren, Lichter blinken
mit Ampeln um die Wette. Kinder staunen, winken
hinter Pferdekutschen her und singen. Es ist Advent.

Heiligabend. Die Mütter backen, braten, dünsten,
schmücken Tannenbäume mit Kerzenlicht,
Familien spielen Mensch-ärgere-dich-nicht.
Wenn Glöckchen klingeln, ruft zur Krippe das Kind,
alle versammeln sich und beten, denn gesegnet sind,
die da loben und preisen, sich üben in Sangeskünsten.

Mitternacht. In die Metten pilgern zahlreiche Christen,
die Orgel spielt, Priester in Festgewändern glänzen,
Ochs und Esel bewachen hinter hohen Fenzen
das Jesuskind, Maria und Josef knien betend davor.
Den Gottesdienst begleitet ein großer Kirchenchor.
Das Wort Gottes verkünden die Evangelisten.

Wichtelmann und Knuspermaus

Wichtelmann geht voran,
Knuspermaus folgt ins Haus
in den Keller.

Von dem Teller
in die Schürzen Kipferl stürzen,
Sterne laufen mit den Schlaufen,
Plätzchen-Schätzchen
huckepack in den Sack.

Mit den Stollen trollen
aus dem Häuschen
Weihnachtmäuschen.
Nacht für Nacht
wurd' der Vorrat kleingemacht.

Und am Heiligabend,
am Naschwerk gern sich labend,
sich freuen Vater, Mutter, Kind.
Wo bloß die ganzen Schätzchen sind?
Wo sind all die Schokonüsse,
Mandelsplitter, Zimtsternküsse?

Bäckerin und Hilfsgenossen
zweifeln: „War's auch abgeschlossen?"
Wo ist nur das Gebäck geblieben?
Bei Knuspermäusen, Weihnachtsdieben!
Jetzt bleibt nur der Rest
für das Weihnachtsfest!

Kinderglück

Lichterhin
das Glühen und Funkeln
Kinderaugenleuchten
und die Stimmen der Chöre

Wieder sinkt ein Stern
herab durch das Dunkel der Nacht
glanzvoll und leise

Wieder warten Menschen
auf den einen Moment
des Wunders
geduldig des göttlichen Trostes
voller Huld
für das Kinderglück
Wieder ist es
eine Nacht der Herrlichkeit

Ach wäre das Kinderglück alltäglich
welch großes Wunder geschähe
durch unser Zutun
vor den Augen des Herrn

Weihnachtsmarkt Sankt Wendel

Honigküchlein in das Tüchlein.
Und Ihr Wunsch? Weihnachtspunsch!
Sie hätt gerne diese Kerzen,
Honigwachs mit roten Herzen.

Zipfelmützen um die Wette
blinken mit der Lichterkette.
Zwischen dichtem Marktgedrängel
flirren gold'ne Weihnachtsengel.

Handwerksstifte in der Schmiede
schütteln große Feuersiebe.
Meister trommeln in der Kammer
Eisen flach mit einem Hammer.

Auf dem warmen Pferdeschlitten
Klaus das Kläuschen hat geritten,
nimmt die Gerte und ruckzuck,
scheu'n die Pferde vor dem Puck.

Wenn die Mönche der Abtei
kommen aus der Sakristei,
Messdiener den Weihrauch schwenken,
dass an Wendelin sie denken.

Und im Dom singt, glühweinschwer,
der Choristen Stimmenheer.
Ach, wie war das wieder wärmend,
rufen die Besucher schwärmend.

Jedes Jahr zur gleichen Zeit
herrscht Besinnungsseligkeit.
Und mit jedem neuen Jahr
werden Weihnachtswünsche wahr.

Saarbrücker Christkindlmarkt

Einen Teller Dippelappes!
Haben Sie auch sauren Kappes
oder Hoorische mit Speck?
Lieber Rostwurst, weiß, mit Weck!

Quiche Lorraine zum Grauburgunder
machen einen auch nicht runder.
Heute achten viele Fürsten
dass Besucher niemals dürsten.

In den schmucken Weihnachtshütten
lagern Tassen in den Bütten.
Trotz der Sammler liebsten Freuden,
Glühwein woll'n sie nicht vergeuden.

In den schmalen Seitengässchen
steh'n vor Kneipen hohe Fässchen,
Stiefelbräu statt Glühweinschwips,
dazu nimm Kartoffelchips.

Vor dem Brunnen unterm Dach
stehen Bläser mannigfach.
Strömen Gäste durch das Tor,
tönt tief der Posaunenchor.

Mandarinen und Lebkuchen
findet man beim Stiefelsuchen
und die Kinder dreh'n noch schnell
eine Runde Karussell.

Kurz vor fünfe und um sieben
schwebt der Weihnachtmann von drüben
mit dem Rentierschlitten los
übern Markt, das ist famos!

Große, kleine Gäste staunen,
unterm Seil Murmeln und Raunen.
Dann gibt's hier unten in Saarbrücken
auf dem Marktplatz keine Lücken.

Nach den vielen Leckereien
lichten sich die Gästereihen.
Spät am Abend fliegen Engel
aus dem Weihnachtskneipen-Sprengel.

Nachts wachen die Ordnungskräfte
ohne all die Weihnachtssäfte.
Bis zum nächsten Marktbesuch
schwört der Gast den Treuespruch.

Nachtwache

Wenn die Silbernetze fallen
und die Nadeln schreiben Lieder,
Winde Flockenherden wallen,
lassen sich auf Dächern nieder.

Die Welt ist bald in Weiß gerundet
und der Mond schwankt kältekrumm.
Rehen, Hirschen, Füchsen mundet
letzter Beerenlese Rum.

Ach, wie möcht ich selber ziehen
durch die Nacht im Sternenschiff.
Flügel mir die Engel liehen,
lenkten mich durchs Wolkenriff.

Steh verwundert vor dem Fenster,
schau hinauf in stiller Nacht.
Himmelweite Lichtgespenster
halten Christkinds ferne Wacht.

Die Naat lò is än Kind geboa

Wie woa it gischta doch so kalt,
geziddat han die Bääm.
Un wie die Naat iwa meich fallt,
woa mia, als wenn eich trääm.

It Dunkel glitzat iwarall,
än Feiawerk aus Licht,
als kämten Strahlen aus em All,
als wenn da Himmel bricht.

Un pletzlich singt und klingt so hell
iwa de Bääm wie'n Choa,
als wenn gefloo all Engeln schnell
zu uus om Änn vom Joa.

Bei meinen Nòòpaan brennt aach Licht,
die jung Fraau kritt än Kind.
Se honn schunn long dodruff gewaat,
ob se die Hebomm find

Än Auto hält, äna steit aus
un klingelt on da Dia.
Die Dia get uff, die Dia get zou,
gonz komisch is it mia,

als wenn die Naat än Kindchin bringt,
wie dòmòls zu dea Zeit.
Eich siin, wie dò än Rehbock springt,
bestimmt is it so weit.

Eich louen hoch, da Himmel blitzt
un schimmat volla Schnee.
Än Kindchen schrait, än Kindchin lacht,
die Fraau steent noch voll Weh.

Die Naat lò is än Kind geboa
wie dòmòls zu dea Zeit,
als Oks und Esel bei `nen woa
un Stern geblitzt von weit.

It klirrt noch imma hell und zaat,
de Strööß gift longsom weiß.
Da Winta hat uff't Kind gewaat,
jetzt schickt ea uus sein Eis.

Hier ist heut Nacht ein Kind gebor'n

Wie war es gestern doch so kalt,
es zitterten die Bäume,
als in der Nacht über mir's schallt,
dacht ich, dass ich wohl träume.

Glitzern im Dunkeln überall,
ein Feuerwerk aus Licht,
als fielen Strahlen aus dem All,
als ob der Himmel bricht.

Und plötzlich singt und klingt es hell
aus Höhen wie ein Chor,
als wenn Engel geflogen schnell
zu uns durch's Himmelstor.

Bei meinen Nachbarn brennt noch Licht,
die junge Frau kriegt's Kind.
Sie warten lange unverricht,
bis sie die Hebamm' find.

Ein Auto hält, jemand steigt aus
und klingelt an der Tür.
Die Tür geht auf, die Tür geht zu,
ganz seltsam wird es mir,

als ob die Nacht ein Kindchen bringt,
wie damals zu der Zeit,
als ob ein Engelchor erklingt
am Himmelssaum von weit.

Ich sehe hoch, der Himmel blitzt
und schimmert voller Schnee.
Ein Kindchen schreit, ein Kindchen lacht,
die Frau stöhnt noch voll Weh.

Hier ist heut Nacht ein Kind gebor'n,
wie damals zu der Zeit,
als Ochs und Esel bei ihm fror'n,
und Sterne blitzten weit.

Es klirrt noch immer hell und zart,
der Weg wird langsam weiß.
Der Winter hat sich aufgespart,
jetzt schickt er uns sein Eis.

Die Hirten aus dem heiligen Land

Die Hirten aus dem heiligen Land
ein Chor lobsingender Engel verband.
Die Schafe, die Hunde, die Wache bei Nacht,
die Dunkelheit, von den Sternen entfacht,
ließ alle erzittern beim Klang der Schalmei,
sie bebten dabei.

Sie sahen hinauf zu den Himmelswesen,
sie konnten nicht schreiben, sie konnten nicht lesen.
Aus der Karte des Himmels, den Bildern der Sterne,
deuteten sie ihren Weg durch die Ferne.
Sie standen auf und folgten dem Licht,
mehr wussten sie nicht.

Heut hüten die Hirten satellitengestützt,
am Arm die Navigationsuhr genützt,
die Sternenschauer und Meteoriten
sind alle erforscht, es gibt keine Mythen.
Nur Engel sangen noch nie für sie,
vorbei die Magie.

Sie spekulieren mit Aktien und Zinsen,
im Auge die Gewinnmaximierungslinsen,
sie beten zu den Weltwirtschaftsgöttern,
konferieren per Video mit all ihren Vettern
und wetten auf Hungersnot, Ängste und Krieg.
Das ist ihr Sieg.

Und würden heute in finsterer Nacht
von einem Engelchor Sterne entfacht,
so wäre das Klimaveränderung
und nicht Mariens Verkündigung.
Wir wissen so viel und doch so wenig
von Christus König.

Weihnachtswunder

Es stand ein Kind im dünnen Kleid
neben Soldaten, die kampfbereit,
hat noch kein Licht, nur Leid geseh'n.
Es kam von weit, von Bethlehem.

Kennt keinen Frieden. Ringsumher
will jeder siegen seit alters her.
Ach betet all, die ihr beten könnt,
und tragt den Schall still durch den Advent

hin zu unserm Herre Christ, dass am heiligen Ort
er niemand vergisst, dass für alle dort
einmal Frieden sei und der Stern sie erhellt
beim Klang der Schalmei.

Überall auf der Welt, nicht nur in Bethlehem,
oh lieber Herre Christ, lass das Wunder gescheh'n.

„Gipfelspitzen über meinem Kopf"

Wintermärchen

Dort, wo sich das Licht trifft,
auf dem Blauweiß der Zweige,
auf dem Schneefeld,
das Besucher nicht kennt,
auf der Eiszone,
die ein Gebirgsbach durchmisst,
in den Kältenebeln des Morgens,
schwindelt in meinen Augen
das Märchen, das man Winter nennt.

Es flüstern Kristalle,
klirren Tannenzapfen,
stöhnt Gebälk unter der Eistracht,
eine Sinfonie aus Weiß.

Gasteiner Ballade

Zwischen Bergspitzen raucht Nebel,
ist der Sonne Augenknebel
im Gasteiner Tal.

Eingepfählte Wegpassagen,
zugeschneite Höhenlagen,
der Brückensteig ist schmal.

Spuren zeichnen meinen Tritt,
Ferne fällt mit jedem Schritt.
Das Bild verblasst, wird fahl.

Von Dorfgastein bis Laderding
ein Sonnenschweif in Gipfeln hing,
des Wand'rers liebste Wahl.

Der Achenpromenade nach
vereistes Gras am Ufer brach,
die Erde quoll schwarz auf.

Nach Stunden dann Bad Hofgastein,
der Thermentempel lud mich ein,
der warme Wasserlauf.

Ich gönnte meinen Füßen Ruhe,
löste meine Wanderschuhe,
beendete die Qual.

Erholt der Stadtbummel begann,
ich mich der Wegstrecke entsann,
der Kilometerzahl,

die ich grad hinter mir gelassen,
konnte ich es nicht recht fassen.
Es war einmal

die Lust, das Winterherz zu finden,
die Zeit in der Erinn'rung binden,
der Suche heil'ger Gral.

Im Dunstkreis

Ein Dunstkreis hält den frühen Tag gefangen
welch Gähnen bleicher Wolken, deren Hauch
umherzieht, sich verpustet, seinen Schmauch
auf breiten Tannen ablädt; weiß behangen

der Kurpark Wege wähnt und Bänke, Stangen
am Teichrand, jeden Zweig an jedem Strauch.
Die Wasservögel kreisen um den Lauch
der Gräser unbekümmert, gefangen

im Griesel. An Bad Hofgasteines Thermen
sich Gäste Leib und Seele wärmen.
Ich wandere im Frost entlang der Ache

nach Hundsdorf, Fronten sind dort gleicher.
Der Tand verblasst, Konturen werden weicher,
die Sonne wirkt, aus Schnee wird eine Lache.

Einkehr

Bad Hofgastein umwirbt ein warmes Licht.
Am Stubnerkogel blendet es den Gipfel,
die Wolken spannen ihre weiten Wipfel,
hoch droben trüben Dunstfelder die Sicht.

Ozon bedrängt im Tal die graue Schicht.
Folgt Einkehr auf den schlechten Wetterzipfel
genügend Ausgleich schaffen mürbe Kipfel
auf Sahneeis. Kaffeearoma mischt

sich in den Mittag voller Festtagssprüche,
tischt Nobles auf aus edler Sternenküche:
ein Festmahl, das die Sinne schnell besticht.

In Gaumenfreuden schwelgen trunken Gäste.
Nur draußen hellauf knistern alle Äste.
Bad Hofgastein umwirbt ein warmes Licht.

Winterwege

Im Zentrum wandern frostgeschützt im Nerz
die Gäste unbekümmert auf geräumten Wegen,
flanieren um den Teich auf schmalen Stegen,
als wäre Kälte ein Dezemberscherz.

Die Enten ihn beschnattern Terz für Terz,
wie Windgesänge, die in Tannen fegen
nach Schneegestöber. In den Wildgehegen
die Tiere Nahrung wittern. Ein Futterherz

am Kreuz der Hütte baumelt. Von harschen Tritten
gestört verlassen sie die Lichtung. Mitten
im Schneeplüsch ziehen Pferde eine Kutsche.

In Decken eingepackte Passagiere
durchrattern holpernd Rotwilds Waldreviere.
Dem Wagen wird das glatte Eis zur Rutsche.

Achenkirch

Felsenkronen
Wolken umschlungen
spitzen den Stein
ins Firmament

Gipfelstraßen
winden sich hinauf
Serpentine für Serpentine

über dem grünen Funkeln
des Achensees
Kältestille

Gesang der Schneeflocken
über dem Wasser
Klirren für Klirren

tiefgründiges Element
Urzeiten genährt
gewährt zwischen den Hängen
Drachenfliegern Aufwind
für die Gondel ins Tal

Sonnwendgebirge

Felsdome starren
ins Kältegähnen
tröpfeln Weisflocken
in die Tiefe der Täler
im Smaragdsee
frieren die Boote

Schnee zerstäubt
Eiswasserklänge klirren
hallen hinauf
ins Sonnwendgebirge

Schneekönige tarnen sich
immer noch
mit Schneebrettern
und Gipfelkreuzen

In Mayrhofen

In die Tasche gesteckt
Dorfplan
und losgelaufen.

Durch die verstopfte Hauptstraße
entlang der Fußgängermarkierung
vorbei an grantelnden Gästen.

Gipfelspitzen
über meinem Kopf
wachsen, in den Augen
ungezählte Angebote
für Mitbringsel.

Schneekanonen zielen ins Zillertal,
volle Kabinen gondeln durch die Luft,
der Druck lastet auf Stahlseilen
und auf dem Papier.

Ein grüner Spitzhelm
taucht auf,
das Kreuz dreht sich
richtungsweisend.

Maria Himmelfahrtskirche

Kirchenlicht blendet mich
barocke Spiegelung
der Vergangenheit.

Weihrauch schwelt
in stiller Kühle,
im Fresco kämpft Jericho
mit Rosen und Farben.

Kerzenschrein
der Opfergaben,
Wachsgeruch
das Bittgebet.

Madonnenlächeln
mit dem Kind im Arm.

An der Decke
geht der Himmel auf.

Stillschweigen.

Hüttenpause

An der Ahornbahn
die letzte Abfahrt
der Senke.

Die vollen Stühle und Bänke
reden von blauen und roten Pisten.

Verlorene Windelkinder
stapfen mit schweren Schuhen
im Schnee.

Die Abkühlung
ist eine Frage
der Bewirtung.

Unter dem Tisch
kursieren Dosen,
Keine Brezel ist umsonst.

Aprés Ski

Trommelfeuer im Viervierteltakt,
Hüften schwingen,
Beine hüpfen.

Koketterie des Bierglases,
Kisten rollen und Schnapsgläser.

Auf dem Tisch
Vortänzerin
zur Ausgelassenheit.

Hinter der Theke
emsiges Zischen und Kassieren.
Laufende Geschäfte.

Ausschau

Nebelschleier
und Wolkendunst,
das Gebirge ist erkältet.

Die Ziller gurgelt,
putzt Steine
im Wasserfall.

An der Brüstung
ein Zuseher,
bläst graue Kringel
in die Luft.

Rufen und Hupen,
die Post lädt aus,
der Linienbus hält,
Skischuhe klackern
über die Brücke.

Ich schließe das Fenster,
suche feste Schuhe
vor dem Ausgang.

Rundgang

Gelbe Kätzchen
schüttelt der Haselstrauch,
durch das Blau segeln
Federwolken und Gleitschirme.

Ruhe strömt
durch Seitenstraßen
und Hinterhöfe.
In den Gärten
knospen Sträucher.

Maria Theresia trotzt
an privater Front
modernen Zierereien.

Balkone täuschen
vor Berghängen
Zugänge vor.
Gedrechselte Holzstäbe
vergittern die Häuser.

„Betreten verboten"
mahnen Schilder.
Meine Füße loten
die Schuhe aus.

Moena

1

Massiv aus Fels begrenzt das Fassatal.
Im Westen ragt empor der Rosengarten,
im Osten Alpe di Lusias Gipfel warten
und Latemars Gebirge kappt die Zahl

der Zufahrtsstraßen. Wer trotz der Qual
Moena will besuchen muss bald starten.
Die zugeschneiten Wege jene narrten,
die meinten, vieles stünd' zur Wahl.

Doch nur die Via Dolomiti führt
zur Heimat der Ladiner. Deutlich spürt
der Gast die tausendjährige Geschichte.

Das Straßenbild, von altem Handwerk stolz geprägt,
verrät die Herkunft: Die Giebel in den Berg geschrägt.
Gesteinswelt macht Auswüchse schnell zunichte.

2

Die Via Löwy säumt getünchtes Fachwerk,
Fassaden eingefärbt in Rosa, Gelb und Blau
mit Arabesken bis zum Dachverhau.
Die Fronten lenken meinen Augenmerk

auf schmucken Zierrat vor dem Tor der Herberg',
die ihre Gäste aufnimmt vor des Abends Grau.
Dass jeder Mensch in San Vigilio Gott vertrau
erscheint das Dorf im Berglicht wie ein Kunstwerk.

Und in den Winkeln steiler Gassen schmiegt
Geruch aus Tradition und Holzbrand Berg
und Mensch zusammen. Der Natur Gewerk

versöhnt die Schöpfung. Wer die Not besiegt,
das Leben annimmt, sich in Liebe weiß,
erfährt das Glück auf eine ganz besondere Weis'.

3
Wo Fassbinders Botega noch erhalten,
das Handwerkszeug behutsam ausgestellt,
gegliedert nach der Arbeitsphasen Welt.
Mit Kufen, Bottichen und Eimern walten

noch heute manche Bauern nach der kalten,
meist langen Winterszeit. Sie ackern auf dem Feld,
vermehren Erntegut und Wirtschaftsgeld,
um ihren Vorrat und den Stand zu halten.

Doch auch Moena zollte uns'rer Zeit Tribut.
Die Alpwirtschaft geschrumpft, die Produktion erneuert.
Das Brauchtum wird von der Region beteuert,

trägt Jahr für Jahr den bunten Narrenhut.
Musik und Tanz beim Umzug der Ladiner
erfreut das Volk und windige Schlawiner.

„Klirr, Glöckchen, klirr“

Fahrt vom hessischen Spessart ins Saarland auf den Strecken B 43, B 42, A3, A67, A63 und A6 am Neujahrsmorgen

Wintergrimm

Unter tiefhängendem, schneeblindem Himmel
erstarrtes Grünland, hessischer Spessart,
tiefgefroren, schockgefrostet vom Silvesterlärm.

Hoch lockt das Wolkenhaus Kältedunst
aus dem Boden, weiße Silben,
die der Neujahrsmorgen ausstottert
wie Vorsätze, Wunschgedanken, Hoffnungen;
sie verhauchen Schicht für Schicht.

Dort wächst Frost, der weiße Stacheldraht,
Äste klirren wie Silberlinge im Wind,
ein Reich der Eiskönigin, Schwänin kalter Märchen.
Dir schlägt das Herz im Einsamen, Leblosen.

In naher Ferne krachen Hexen
durch die Steinheimer Wehrmauer,
schlagen die Märchentür zu,
rau, kratzig, kaltschnäuzig
und singen: „Kusper, knusper, Knäuschen,
wer knuspert an dem Häuschen?"

Durch die Tore ziehen Wintergnome.
Ach Grimmstadt, dir droht
der versfüßige Buchwurm mit Seitenverlust.

Kein Tier, das zu finden wär,
kein Zwerg, der Schneewittchen beweint,
nur Schwaden, die durch die Landschaft ziehen,
silbergrau, aschkalt, verschleiern die Aussicht,
vernebeln Kirchtürme mit Glockengang
bis zur vollständigen Auflösung.

Klirr, Glöckchen klirr

Frostspitzen der Baumkronen, im Wind vereist,
klirrende Tannenbaumglöckchen,
halten Nachlese der Weihnachtszeit.

Weißgeister wandeln, verschließen
letzte Lichtungen der Flughafenstraße,
Spur für Spur.

Eine Dunstglocke, über den Flughafen gezogen,
entzieht der Befeuerung das Licht.
Landebahnen verschimmern verwaist.

Im Undurchsichtigen verlieren
selbst Vögel die Orientierung,
verzerrte Bilder weißer Gier.
Kein Flugzeug, das zu sehen wär,
kein Flügel, der zu schlagen wär.

Das Businesscenter versinkt im fahlsten Blass
der hohlen Nebelhand.
Untergangsglocken schlagen
gegen den gekenterten Schiffsrumpf,
gestützt auf die Ausgangsröhren
des Niedergangs, ach Altjahr.

Hinter der Flugzeugbrücke blitzen Oberleitungen,
spät bewegt sich der in Gang gesetzte
Hochgeschwindigkeitszug mit neuer Zeitzählung,
dem Unbeweglichen trotzend,
dem Erstarrten entzogen
mit aufgenommener Fahrt.

Orakel

Bäume, aufgereiht, Grenzpfähle der Ackerflächen,
aufragende Eisskulpturen, Märchenfiguren.
Vögel vereint, kauern in den Astkronen,
auf Rutschbahnen mit Gongschlägen,
 zitternd gekrümmt und halten Stillmesse.

Hellweiße Wuschelköpfe der Randbepflanzungen
irren hinter der Abfahrt Oberolm auf den Hügeln,
eisgekühlte Rebstöcke, starrästig, windgedämmt,
springen im Eiltempo von Fensterausschnitt
zu Fensterausschnitt.

Die Autobahn gleißt durch einen Dunkelschimmer,
Trüblichter eines Nebeltunnels
inmitten des Spaliers aus Eisbäumen,
metallischer Reifenklang pfeift.

Ein immer weißeres Weiß
spiegelt sich von Seite zu Seite,
 vom Himmel zur Erde.

Geistervögel krähen im Sichtflug
über das Autodach hinweg,
stürzen von Lichtloch zu Lichtloch,
die Auguren des Neujahrs
orakeln in den Koloriten des Weißbluts.

Verwinterung

Eiszapfen, Weidekätzchen des Winters,
hängen von Figuren randständiger Baumstämme.
Sträucher, in Zuckerwatte glasiert,
wellen sich die Anhöhen hinauf.

Vor mir flüchten Vögel ins Kahlgeäst
und unter mir, in der Tiefe des Asphalts,
ausgehöhlt, verwintern
Eisscherben zu Dauerfrost.

Sonne blitzt über die Dorfebene vor Alzey,
wirft Lichtblicke auf menschenleere Straßenzüge,
schaukelt den Lockenbehang kaltgestellter Krippen.

Auf den Äckern treiben Eisschollen,
als hätte die Arktis Eisberge verschickt.
Zierbäumchen versilbern die Arreale der Wälder
wie Lichtgirlanden einst die Titanic.

Am Heubergerhof trennt Maschendrahtzahn
die Eiswelt von der Autobahn.
Gütertrennung in Steinen,
scheidet das Lebende vom Erstarrten.

Schwarzweissbeeren rieslingen unter der Talbrücke,
Tiergelächter hallt vor tödlichem Geläuf.
Wer trinkt den letzten Eiswein, isst Gnadenbrot?
Kein Reifen, der sich nicht im holprigen Stand
abmühte, abrieb, sich verschliss.

Ziegelscherben

Sonntagsruhe abgestellter Maschinen und Werkzeuge.
Baustellensinfonie aus Asphaltwellen, Schlaglöchern.
Schräger noch holpern Fahrzeuge
im Takt der Windkrafträder.

Baumsilhouetten wanken im aufreißenden Licht.
Vor Lärmschutzwänden verwischt Wassernebel
dürre Stämme zu Pyramiden aus Zweiggespinsten.

Hieroglyphen des ägyptischen Sonnengotts blenden
über ziegelrote Scherben vorbei huschender Häuser,
sie fallen von Dachgraten wie faule Äpfel, die verderben.

Vor Saulheim stochern verdorrte Rebenplantagen
durch die Hügel, Vogelheere schwärmen, prügeln
mit spitzen Schnäbeln aufeinander ein,
nach Resten vertrockneter Weinbeeren suchend.
Der Himmel gärt, kocht verspäteten Glühwein.

Wintermystik

Im grauweißen Geäst wacht ein Bussard,
Argusaugen im Kältenebel,
der tieflandig, frosthäutig,
Wolkenschichten vermehrt, bestürmt,
aufhäuft einen dunkelgrauen Turmbau zu Babel.

Der Landschaft vielsprachige Krümmung
hügelt heran, trichtert das Asphalttal
Schlucht für Schlucht,
keine Ausflucht für Reifendreher.

Links und rechts haften Bäume
wie Reißnägel an den Seitenwänden,
strecken braunrote Laubreste von den Ästen,
als müssten sie den Winter
von der Wachstumspause überzeugen.

Gerodete Feldflächen wechseln mit
weißgesichtigen Äckerböden im tiefgrundigen Raum.
Ach, welch mystischer Pinselstrich des Winters,
Ahnung in weißen Konturen,
Malerei eines Glimmstängels mit Silberblick,
übertüncht das Graue des Tags
wie Frostverluste schwarzhalsiger Rauchfahnen.

Blitzaufnahme

Inmitten gelber Winterwiesen aufsteigt der Donnersberg.
Kobolde trollen an Randstreifen, von Mooswällen umhügelt.

Nebelschleier fallen auf mich wie Gipfelstürze.
Raketen des Bergmassivs krachen aus Wolkenlöchern
direkt in die Feuerfunken der blitzenden blendenden Sonne,

bis der schwarzzüngige Berggeist
die Wolkenschleppen zurückzieht aus keltischem Bann.
Die Höhe, eine Himmelfahrt weiter Blicke,
schickt Blitzlichter zur Aufnahme des Blauen.

Mich überdacht die Lanzenbachtalbrücke,
Sembach naht, ausschweifende Kurven vor Augen.

Silberwald

Hinter der Lanzenbachtalbrücke tanzen
die Pfälzer Nordvogesen mit dem rotnasigen Rentier,
gipfeln Bergspitzen, glänzen Eis belichtete Baumzinnen.

Drüben auf dem Plateau brilliert ein Hochsitz,
starrt wie eine Quecksilbersäule mit Schneenasen,
wachend über den Diamantenstaub des Silberwalds.

Im Nebelschimmer fliegt eine Pferdetroika vorbei,
Väterchen Frost zieht Schneespuren im Gelände,
im Schlepptau den Jungen Neujahr.

Wind verbog die Bäume, zwang sie in die Seitenlage,
Geburtskanal für die Flüchtlinge des Winters.
Die gegenüber liegenden verzerrten Silhouetten
langgezogener Kristallwehren senden Rauchsignale
für die Schneemänner des Klirrlieds.

Vor Kaiserslautern reißt der Winterhimmel auf
lässt Eisblumen aufblühen im kurzen Lichtblick
des Januarmorgens.

Saarpfalz

Maulwurfshügel springen über die Felder
wie kleine Misthaufen,
auf der Spiegelfläche der Eiszeit
Rehversammlung, kein Bock,
der nicht zu springen wüsste.

Landstuhl naht, die Auflösung
des Rotwilds hinter Gesträuch und Nebelung.
Heuballen im Eismantel,
liegen aufgerollt auf der Erde der Schwarzbachwiesen.
Rabenvögel gehen durchs Land mit spitzen Schnäbeln,
Vogelscheuchen des Winters.

Einzäunungen unzugänglichen Geländes
treiben die Wiesen ab, die Wälder.
Die Air-Base lagert verborgen im Forst,
Transallflieger drehen Festtagsrunden
in den Wolkenhallen, Zinnsoldaten blasen
den Zapfenstreich.

Eisbällchen wirft der Wind
von Nadelspitz zu Nadelspitz,
Pingpongspiele des Winters, hochglanzpoliert
wie Orgelpfeifen, die den Neujahrstag weihen
mit Bachscher Fantasie,
das Oratorium vor den Toren
heimatlicher Geborgenheit.

„Der Winter zieht die Stiefel aus"

Schneesturm

Guck moll wie drauß da Schnee vaweht
eich huck mich hin it Feia knittat
it Holz brennt longsom ab un splittat
de Stunn im Funkenflug vageht

eich honn mich in de Deck gemummelt
so hämelich is all die Wärm
de Kerz flommt uff gonz ohne Lärm
se flackert biet sich bis se brummelt

eich huck im Sessel it Feia knittat
draußen da Schneesturm heilt und dreent
ins Finschta hat die Naat sich geleent
än Wildsau Futta hat gewittat

om Daa danòò is alles stumm
kään Liftche zippelt ma om Oa
nix weißt druff hin wie't gischta woa
wäa nit om Stall die Dia so krumm

Schneesturm

Sieh nur, wie drauß' der Schnee verweht.
Ich setz mich hin, das Feuer knittert,
das Holz brennt langsam ab und splittert,
im Funkenflug die Stund vergeht.

Ins Tuch hab ich mich eingemummelt,
so heimelig ist all die Wärm',
die Kerze aufflammt ohne Lärm,
sie flackert. biegt sich, bis sie brummelt.

Ich sitz im Sessel, das Feuer knittert,
der Schneesturm draußen heult und dröhnt.
Ins Fenster hat die Nacht sich gelehnt,
die Wildsau Futter hat gewittert.

Am Tag danach ist alles stumm,
kein Lüftchen zieht an meinem Ohr,
nichts weist drauf hin, wie's gestern fror,
wär nicht am Stall die Tür so krumm.

Überwinterung

Vor mir schwächelt die Sonne
abgeneigt das Fliehlicht der Horizonte
kaltfarbig

wo Dunkel den Tag bestimmt geht das Leben
ins Dämmern über stumm benommen
kleinräumig

ich tage in die Nacht
betrachte mit Lampenaugen
den Ausfall des Hellen

wer kehrt heim schwankt
wenn der Nachtwächter ruft

ich schöpfe Wärme aus den
Funken erdachter Morgenröte
Hoffnungslichter unter den Verkrustungen
der Jahreszeit hüllen Versunkenes ein
spenden Ruhezeit Auszeit Bedenkzeit

wenn die Saat aufgeht
löst sich die Verpuppung
entwachsen Keime der Erdzelle
schlankes Grün mit der Neigung zum Blühen

Winterkälte

Sturmmöwen kreischen unverhofft
über der Saar sammeln sich auf Eisschollen
die aus dem Wasser schroff nach oben ragen
den Lauf des Flusses wie an einem Kragen packen
auf dem im offenen Gefeucht Stockenten
treiben als ein winterlich Geleucht

ein Silberreiher wagt es den Hals zu recken
dass der Schnabel aufrecht steht wie die Zeiger
der Uhr die im Becken der klirrenden Wintermontur
verharren um Lachmöwen die Zeit zu ahnen
die eine hohe Sonne zeigt als würde sie
jene zum Mittagsschlaf ermahnen

und schwarze Vögel stehn wie Pinguine
auf dem Schmelz wie auf einer Sonnenbank
als sei der Fluss eine Ruine die der Sommer
der Eiszeit hinterließ die genügt für alle
die sich vergnügt darauf tummeln

und freuen wie die Kinder die auf Eisbahnen
balancieren während Eltern in der sibirischen Kälte
im Pelz über die Bismarckbrücke promenieren
auf der Väterchen Frost grimmig ächzt und krächzt
bevor Gäste sich in Heimreisen verlieren

Saarbrücken 12.02.2012

Winterquartier

Die Saar ist eingefroren die Feder die dem Vogel
vom Frost entrissen im Schmelz geeist
flattert als Fahne für alle die von weit gereist
sich niederlassen für die Rast am Strom

der karge Winter gaukelt von Quartieren
darin Silberreiher auf Stelzen Flügel schwingen
die sich im Niederringen der Glätte heftig bauschen

wer kann dem Klang des Federkleides lauschen
wenn Schneekristalle wie von Sinnen
im Fallen eines Sturms zur Erde rauschen

Saarbrücken 12.02.2012

Winternarretei

Der Winter zieht die Stiefel aus,
rutscht durch den Februar
mit durchgetretenen Sohlen.

Die Fastnacht trommelt schon voraus,
bekämpft den Kälterest
mit Ratschen und Johlen.

Maskenträger stanzen durch Straßen,
verjagen das Dunkeln
laut und unverhohlen.

Narren im Mummenschanz spaßen
mit Glöckchen und Pfeifen,
den Winter soll der Teufel holen.

Wintervertreibung

Tage wie Masken
lachen und weinen
hinter erstarrter Haut

ich entblättere mich
vertreibe mit meiner Auszeit
Kaltlicht und Traurigkeit

hellsichtig
neigt der Himmel
sich mir ins Aug

Wärmeschauer
entladen sich

Karneval

Hoppsasassa hoppsasassa
hüpft der große Clown
im Kreis herum

hoppsasassa hoppsasassa
alle tanzen mit
er lacht sich krumm

doch die Narrenkappe
ist eine Attrappe
für das Trinkgelage bloß

Sekt beginnt zu schäumen
niemand will's versäumen
Karneval ist rigoros
Mummenschanz ein ernstes Los

Alemannische Fasnet

Masken tanzen in Straßen
heben Schellengestelle
springen, singen und klingeln
klopfen den Boden und toben
juchzen schnurren und rufen
Narri-Narro die Fasnet isch do

Greesendaach

Die Greesen kummen, die Greesen kummen
Saarwellingen is volla Leit
wea haut sich ohne Maske zeit
dem fängt da Kòpp laut òn se brummen

weil nix me is wie't gischta woa
alles is haut gònz umgekeat
ma wääs nimme wat sich geheat
wea komisch lout dea is noch kloa

Die Greesen kummen, die Greesen kummen
die ewen iwa se gerätscht
ginn gleich moll struwellisch geplätscht
unn doot geschwätzt um se vadummen

wea anneren dò schnell vatraut
gift rot vakusst un abgeschleppt
von Faasendbòòzen gutt geneppt
un schwupps da Geldbeidel geklaut

Danòò is alles widda rum
kään Donzmariechin Publikum
un kään Mengenkes me gemach
haut sòòn die Leit widda nua Tach
dea alte Ärnscht is widda dò
all Greesen widda abgezòò

Greesentag

Die Greesen kommen, die Greesen kommen,
Saarwellingen ist voller Leut'
wer ohne Maske sich zeigt heut
dem fängt der Kopf laut an zu brummen

weil nichts mehr ist wie's gestern war
heute ist alles umgekehrt
man weiß nicht mehr was sich gehört
wer komisch schaut der ist noch klar

Die Greesen kommen, die Greesen kommen
wer eben über dich geratscht
wird erst mal richtig abgeklatscht
und tot geschätzt um zu verdummen

wer anderen da schnell vertraut
wird rot verküsst und abgeschleppt
von Faschingsnarren gut geneppt
und schwupps der Geldbeutel geklaut

Danach ist alles wieder rum
kein Tanzmariechen Publikum
und keinen Unfug mehr gemacht
heut sagt man wieder: „Guten Tag"
der alte Ernst ist eingezogen
die Greesen wieder abgezogen

Bücher von Vera Hewener

Vermisstenanzeige. Gewidmet den ermordeten Juden des Naziregimes. Lyrik und Prosa. Vera Hewener. Libri BoD. Norderstedt 2000. ISBN 3-8311-0748-3. 2. erw. Auflage 2014. ISBN 978-3831107483.

Lichtflut. Reisenotizen. Lyrik und Prosa. Vera Hewener. Edition Calamus. Norderstedt 2001. ISBN 3-8311-1493-5. 2. erw. Auflage 2014. ISBN 987-3831114931.

Eine Neigung aus Blau. Gegenwartslyrik. Vera Hewener. Norderstedt 2002. ISBN 3.8311-3334-4. 2. Auflage 2014. ISBN 9783831133345

Bist Himmel mir und tausend Feuerfunken. Gedichte. Vera Hewener. Mauer Verlag. Rottenburg a/N. 2003. ISBN 3-937008-46-2.

Verwirbelungen der Zeit. Vera Hewener. Lyrik mit Bildern von Carolin Isele. WiKu Éditions Paris E.U.R.L. Paris und WiKu Verlag KG Berlin 2005. ISBN 3-86553-203-9.

Es kommen andere Ewigkeiten. Gedichte. Vera Hewener. WiKu Édition Paris ISBN 2-84976-0188 WiKu Verlag 2007. ISBN 978-3-86553-189-6.

Himmelsstürme. Vera Hewener. Gedichte mit Fotografien. edition Wort Verlag Bitburg 2010. ISBN 978-3-936554-00-3.

Das Jahr: Dichtung in vier Sätzen. Vera Hewener. Gedichte mit Fotografien. BoD Books on Demand Norderstedt 2013. ISBN 978-3-7322-3168-3.

Zaubervolle Winterwelt. Gedichte, Geschichten, Notizen. Vera Hewener. Verlag BoD Books on Demand. Norderstedt 2014. ISBN 9783735761262.

Frühlingsserenade. Die schönsten Gedichte, Geschichten und Notizen zur Frühlingszeit. Vera Hewener. Verlag BoD Books on Demand. Norderstedt 2015. ISBN 978-37347-3140-2.

Die Blüte des Sommers. Sommeranthologie. Die schönsten Gedichte, Geschichten und Kalendernotizen. Vera Hewener. Verlag BoD Books on Demand. Norderstedt 2015. ISBN 978-3-7347-89540.

In der Saar schwimmen keine Krokodile. Gegenwartslyrik & Texte. Vera Hewener. Verlag BoD Books on Demand. Norderstedt 2015. ISBN 9783738635676

Von Lorraine nach Aquitaine. Reisenotizen in Lyrik und Prosa. Vera Hewener. Verlag BoD Books on Demand. Norderstedt 2016. ISBN 9783741210860.

Du trocknest meine Tränen wieder. Religiöse Lyrik & Texte. Vera Hewener. Verlag BoD Books on Demand. Norderstedt 2016. ISBN 9783743113589.

Zaubervolle Jahreszeiten. Der Frühling. Vera Hewener. Verlag BoD Books on Demand. Norderstedt 2017. ISBN 9783743125117.

Aus meinem Federkiel. Magische Momente. Natur & Seele. Gedichte. Vera Hewener. Verlag BoD Books on Demand. Norderstedt 2017. ISBN 9783744870511.

Zaubervolle Jahreszeiten. Der Sommer. Vera Hewener. Verlag BoD Books on Demand. Norderstedt 2017. ISBN 9783744870993.

„Kerzen, Wunder, Himmels-Zunder". Vera Hewener. Lustige und besinnliche Geschichten und Gedichte zur Advents- und Weihnachtszeit. Verlag BOD Books on Demand. Norderstedt 2017. ISBN 9783744893824. 2. Ausgabe 2019. ISBN 9783738629682.

Die Jahreszeiten: Auslese. Gedichte. Vera Hewener. Verlag BOD Books on Demand. Norderstedt 2018. ISBN 9783738636017

Werkausgabe Band I. Frühe Gedichte 1970-1999. Verlag BOD Books on Demand. Norderstedt 2018. ISBN-13: 9783746025292

Kinder, Hund, Familienbund. Lustiges, Tierisches und Allzumenschliches in Lyrik und Prosa. Vera Hewener. Verlag BOD Books on Demand. Norderstedt 2018. ISBN 9783746056821

Zaubervolle Jahreszeiten. Der Herbst. Vera Hewener. Verlag BoD Books on Demand. Norderstedt 2018. ISBN 9783752842135

Christnacht, Glocken, Engelslocken. Gedichte und Geschichten zur Weihnacht. Vera Hewener. Verlag BoD Books on Demand. Norderstedt 2018. ISBN 9783748107637. 2. Ausgabe 2019. ISBN 9783741251641

In der Saar feiern die Fische. Gegenwartslyrik & Szenen. Vera Hewener. Verlag BoD Books on Demand. Norderstedt 2019. ISBN 9783732237142. 2. Auflage 2020. ISBN 9783752810080

Von Brandasund bis Nasholim. Reisegedichte, lyrische Ausflüge, Geschichten und Notizen. Vera Hewener. Verlag BoD Books on Demand. Norderstedt 2019. ISBN 9783732235841.

Tannen, Lobgesang, Weihnachtsklang. Gedichte, Geschichten, Liedtexte und Bühnenstücke zur Advents- und Weihnachtszeit. Vera Hewener. Verlag BoD Books on Demand. Norderstedt 2019. ISBN 9783750400030.

In der Saar tanzen die Schwäne. Gedichte, Geschichten & Szenen. Vera Hewener. Verlag BoD Books on Demand. Norderstedt 2020. ISBN 9783751921060.

Zaubervolle Weihnachtswelt. Geschichten, Gedichte, Stücke & Notizen zur Advents- und Weihnachtszeit. Vera Hewener. Verlag BoD Books on Demand. Norderstedt 2020. ISBN 9783752606409.

Weihnachtsklang, Lobgesang. Deutsche Gedichte und Nachdichtungen internationaler Weihnachtslieder, Gospels, Spirituals und deutsche Weihnachtslieder in moselfränkischer Mundart. Vera Hewener. Verlag BoD Books on Demand. Norderstedt 2020. ISBN 9783752606393.

Sodom und Camorra. Kurze Bühnenstücke für viele Gelegenheiten. Vera Hewener. Verlag BoD Books on Demand. Norderstedt 2020. ISBN 9783752606386

Oh Frühling, komm! Natur, Stadt & Land. Die schönsten Frühlingsgedichte. Vera Hewener. Verlag BoD Books on Demand. Norderstedt 2021. ISBN 9783753439594

Oh Sommer, leuchte. Natur, Stadt & Land. Die schönsten Sommergedichte. Vera Hewener. Verlag BoD Books on Demand. Norderstedt 2021. ISBN 9783753421414

Oh Herbst, wandle!. Natur, Stadt & Land. Die schönsten Herbstgedichte. Vera Hewener. Verlag BoD Books on Demand. Norderstedt 2021. ISBN 9783754320655